Der Kunst-Ratgeber
Kreative
Kindermalschule

Ute Ludwigsen-Kaiser

Der Kunst-Ratgeber

Kreative Kindermalschule

ENGLISCH VERLAG

Die Deutsche Bibliothek – CIP-Einheitsaufnahme
Kreative Kindermalschule / Ute Ludwigsen-Kaiser. –
Wiesbaden: Englisch, 2001
(Der Kunst-Ratgeber)
ISBN 3-8241-1125-X

© by Englisch Verlag GmbH, Wiesbaden 2001
ISBN 3-8241-1125-X
Alle Rechte vorbehalten. Nachdruck, auch auszugsweise, verboten.
Fotos: Frank Schuppelius
Herstellung: Michael Feuerer
Printed in Italy

Ute Ludwigsen-Kaiser war langjährige Dozentin für naturalistisches Zeichnen, Aquarell- und Pastellmalerei an der Volkshochschule.
Seit 10 Jahren unterrichtet sie an ihrer privaten Malschule Kinder im Zeichnen und Malen.

Inhaltsverzeichnis

Vorwort

Du willst zeichnen und malen lernen?

Klar! Warum würdest du sonst dieses Buch aufschlagen? Wahrscheinlich passiert es dir manchmal, dass du etwas zeichnen willst, aber nicht weißt, wie man es macht. Dabei möchten der kleine Hamster und ich dir helfen. Zeichnen und Malen hat mit Üben, Geduld und noch viel mehr Üben zu tun. Deshalb kann es natürlich auch mal sein, dass etwas daneben geht und am Ende nicht so aussieht, wie du dir das vorgestellt hast. Aber verliere nur nicht den Mut. Denn Zeichnen lernen ist wie Fahrrad fahren und Schwimmen: Wenn man es einmal begriffen hat, verlernt man es sein ganzes Leben nicht mehr!

Jedes Kapitel in diesem Buch beschäftigt sich mit einem Thema. Wir fangen immer ganz leicht an und steigern uns dann. Es ist also sinnvoll, die Kapitel nacheinander durchzuarbeiten. Besonders ans Herz legen möchte ich dir die Kapitel über die Linien und Formen und über die Farben. Dort lernst du alles über Linien und Formen und über die Farben, mit denen in diesem Buch gemalt und gezeichnet wird. Es geht also um Grundlagen, die das weitere Arbeiten sehr erleichtern werden.

Wenn du willst, nimmt der kleine Hamster dich an die Hand, und du wanderst durch eine Welt der Tiere, Landschaften, Blumen und Gegenstände. Er zeigt dir, wie man diese Dinge zeichnet und malt. Du kannst auch deine Eltern mitnehmen, die dir vielleicht bei dem einen oder anderen Problem helfen, aber auch bestimmt selbst noch etwas lernen können. Außerdem macht das Malen zusammen noch viel mehr Spaß!

Ich wünsche dir viel Erfolg und hoffe, dass du genau so viel Freude am Zeichnen und Malen hast wie ich!

Eure Ute Ludwigsen-Kaiser

Hallo!

Ich bin der kleine Hamster und ich male unheimlich gern! Du auch? Dann komm mit, ich werde dir zeigen, wie du tolle Bilder malen kannst. Pass gut auf!

Alles über Linien und Formen

In diesem Kapitel lernst du:
◆ wie man verschiedene **Linien** zeichnet.
◆ wie aus Linien **Flächen** entstehen.
◆ wie aus Flächen **Formen** gebildet werden.
◆ wie mit Hilfe des Bleistifts **hell und dunkel** entsteht.

Linien

Wir fangen ganz einfach an:
Am Anfang ist der **Punkt**. ●
Verbindet man **zwei Punkte**, entsteht eine **Linie**.

Es gibt jedoch nicht nur die gerade Linie, die zwei Punkte miteinander verbindet – eine Linie kann noch viel mehr:

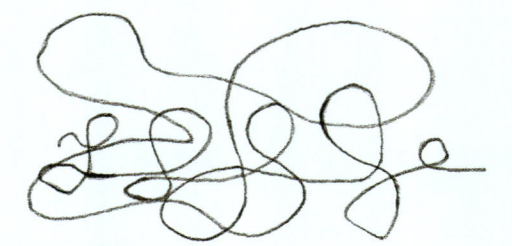

Sie kann Muster bilden.

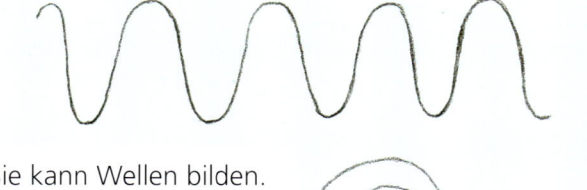

Sie kann Wellen bilden.

Sie kann sich aufwickeln.

Linien können ordentlich nebeneinander verlaufen.

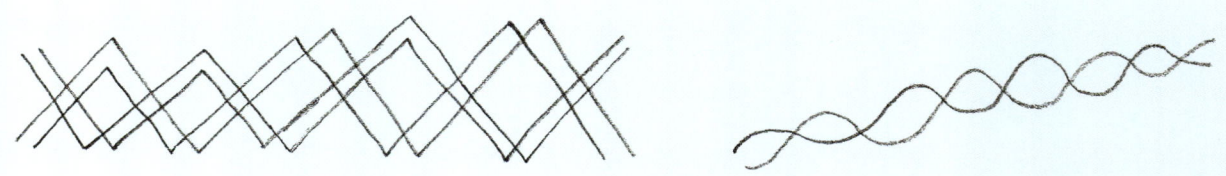

Sie können sich aber auch überkreuzen.

Alles, was du hier siehst, entsteht aus geraden und gebogenen Linien.
Wenn du erkennst, aus welchen Linien etwas besteht,
ob sie gerade oder gebogen sind, kannst du es mit ein
wenig Übung auch zeichnen – das verspreche ich dir!

Ich zeige dir ein paar Beispiele. Hier siehst du ein Haus:

Es besteht nur aus geraden Linien.　　An diesem Haus steht eine Leiter.　　Ich drehe die Leiter um,
　　　　　　　　　　　　　　　　　　　　　　　　　　　　　　　　　und es entsteht ein Zaun.

Und aus diesem Ei　　　　　　entsteht …　　　　　　ein Clown.

Zum Schluss noch drei Gegenstände aus geraden und gebogenen Linien:

eine Tür　　　　　　　ein Becher　　　　　　　ein Wecker

> *Hier ist eine Aufgabe für dich. Es sollte dir jetzt nicht mehr schwer fallen, sie zu bearbeiten. Versuch's doch mal!*

Und dann gibt es noch etwas, was du über Linien wissen solltest: Es gibt **helle und dunkle** Linien.
Je fester du mit dem Bleistift auf das Papier drückst, um so dunkler wird die Linie.

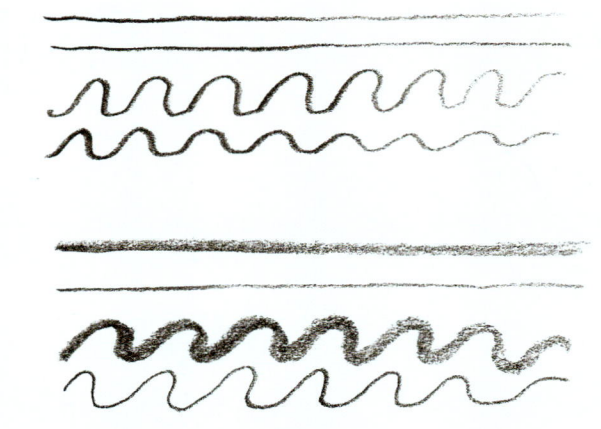

Und jetzt du!
Ich nenne dir einige Gegenstände. Zeichne sie und überlege, zu welcher Gruppe sie gehören.
Bestehen sie
a) nur aus geraden Linien
b) nur aus gebogenen Linien
c) oder aus geraden und gebogenen Linien?

Hier sind die Dinge:
Auto, Regenschirm, Tisch und Stuhl, Kerze, Sterne, Sonne, Fenster, Messer, Pilze, Lineal und Kirschen

Es gibt auch **dicke und dünne** Linien. Zeichnest du mit der Spitze des Bleistifts, wird die Linie dünn. Hältst du den Stift flach und benutzt die Seitenfläche der Mine, wird der Strich dick.

Flächen

Auf diese Weise kannst du auch **Flächen tönen**, sodass sie von dunkel nach hell verlaufen. Führe den Bleistift immer in dieselbe Richtung – nicht kreuz und quer.

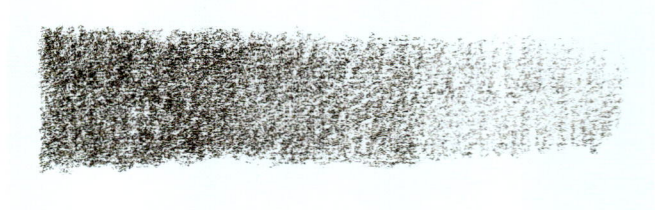

Es gibt noch eine Möglichkeit, Flächen heller und dunkler zu bekommen: Sieh mal genau hin: Die Striche sind alle gleich dunkel – aber je nachdem, wie viel Platz man zwischen ihnen lässt, wirkt die Fläche heller oder dunkler. Man kann die Striche auch übereinander setzen, dann wird die Fläche noch dunkler.

 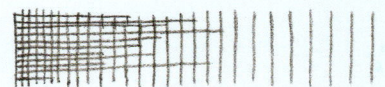 

Wofür braucht man eine Schraffur?

Wenn man eine Fläche so gestaltet, wie ich es dir gerade gezeigt habe, nennt man dies **Schraffur**. Eine Schraffur benutzt man, um eine Fläche heller oder dunkler zu zeichnen. Das heißt: Wir malen **Licht und Schatten** in eine Fläche.
Hier ist ein Beispiel: Sind das zwei Scheiben oder Kugeln?

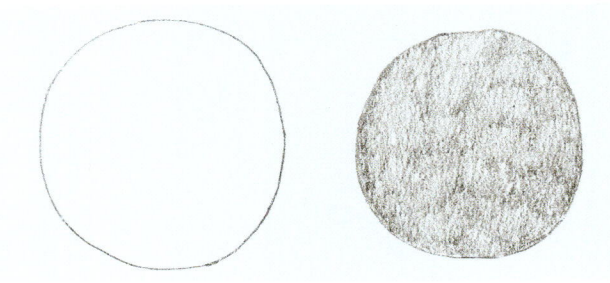

Jetzt sieh mal, was passiert, wenn ich eine Kerze anzünde:

Die eine Seite wird vom Licht angestrahlt, sie ist hell. Die andere Seite liegt im Schatten, sie ist also dunkel. So wird aus einer Scheibe eine Kugel!

Ein zweites Beispiel: Ein gewelltes Band.

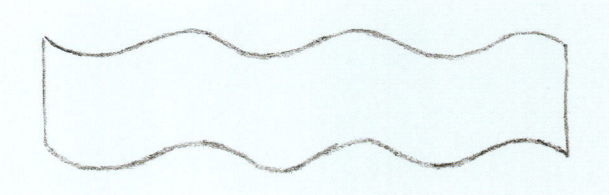

Es wölbt sich nach vorne und nach hinten, wenn ich es heller und dunkler töne, indem ich stärker oder schwächer auf den Bleistift drücke und weiche, fließende Übergänge schaffe.

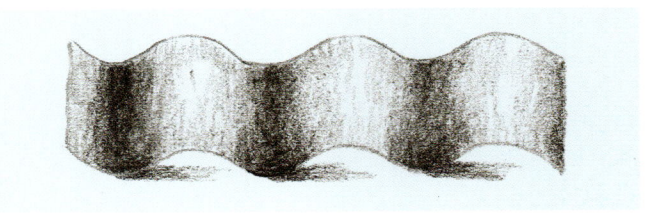

Erst durch Licht und Schatten kann man erkennen, ob etwas kugelig oder flach ist, ob es sich nach vorn oder nach hinten wölbt.

Und jetzt du!
Ein bisschen Üben kann an dieser Stelle nicht schaden. Zeichne das gewellte Band ab und schraffiere es. Versuche, möglichst weiche, fließende Übergänge zwischen hell und dunkel zu schaffen.

Formen

Du hast jetzt eine Menge über Linien und Flächen gelernt. Nun wird es aber Zeit, dass ich dir etwas über Formen erzähle. Dazu gehen wir noch einmal zurück zum Anfang. Erinnerst du dich?
Am Anfang stand der Punkt: ●
Verbindet man zwei Punkte, entsteht eine Linie.

Verbindet man mehr als zwei Punkte, entsteht eine Form.

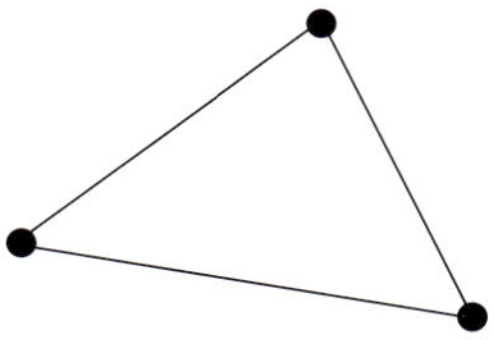

Und schon sind wir bei den Formen!

Die wichtigsten sind die sogenannten **Grundformen** – und damit beschäftigen wir uns jetzt. Alles, was du im Laufe dieses Buches zeichnest, bezieht sich immer wieder auf diese Grundformen. Deshalb kann es nicht schaden, wenn du sie ein bisschen übst.

Und jetzt du!
Male die folgenden Grundformen ab:

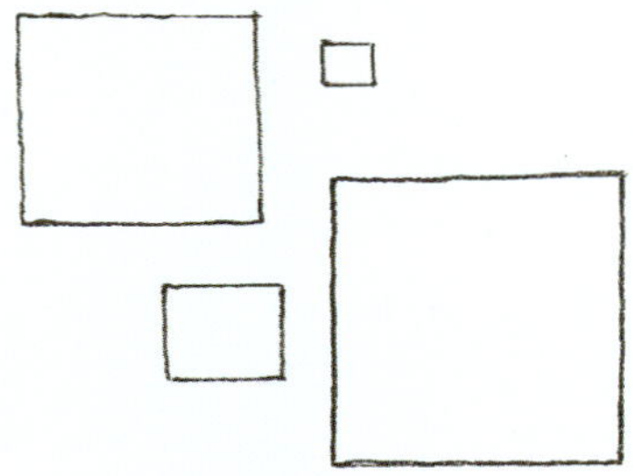

Quadrate

Rechtecke

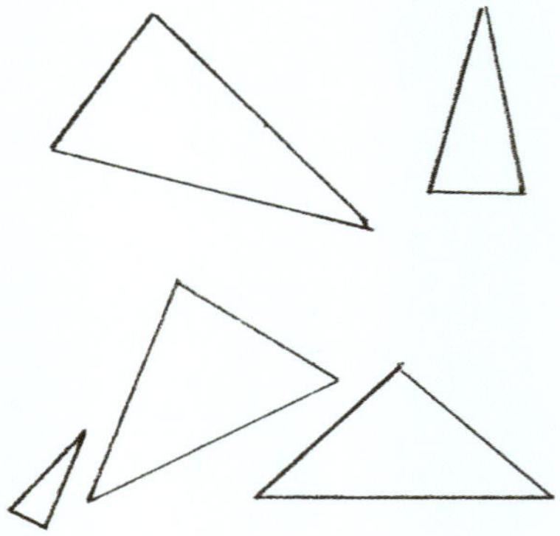

Dreiecke

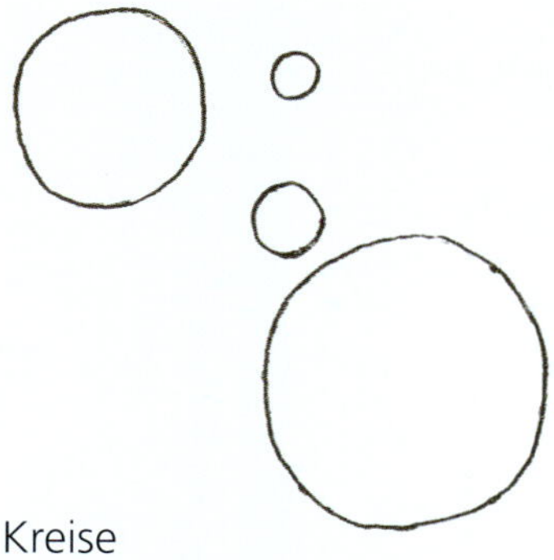

Kreise

Ovale

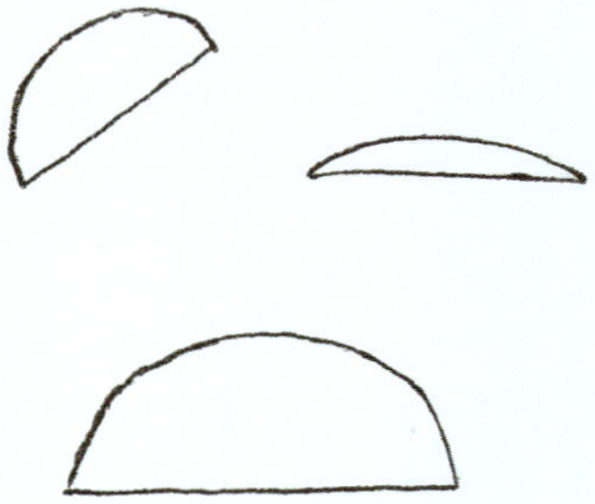

Halbkreise

Alles, was du siehst, passt in eine oder mehrere dieser Grundformen.

Mit diesen Grundformen kann man schon richtige Bilder malen. Hier siehst du zwei Beispiele:

mit runden Formen   mit eckigen Formen

… und das **Schraffieren** kann man auch gleich üben!

> **Und jetzt du!**
> Hast du Lust, ein eigenes Bild zu zeichnen? Be-
> nutze alle sechs Grundformen, die ich dir gezeigt
> habe, in einem Bild.

Zeichne zum Beispiel einen Apfel:

   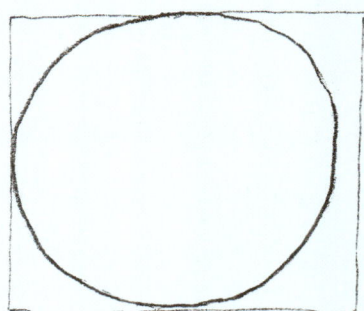   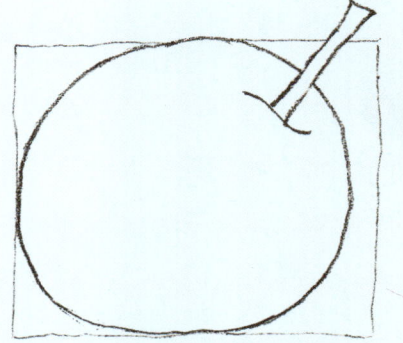

Zunächst zeichnest du ein Quadrat, das so groß sein sollte, wie du deinen Apfel haben willst.

In dieses Quadrat zeichnest du dann die runde Apfelform.

Zum Schluss radierst du das Quadrat weg – und es bleibt ein schöner, großer Apfel auf deinem Papier.

Alles über Farben

Wartest du schon ungeduldig auf die Farbe? Recht hast du! Mit dem Bleistift kann man sehr hübsche Zeichnungen machen, aber **malen** kann man nur mit Farben!

> *In diesem Kapitel lernst du:*
> ◆ *Grundfarben und Mischfarben kennen.*
> ◆ *was man alles mit Buntstiften, Aquarellstiften und Pastellkreiden machen kann.*
> ◆ *wie man mit Aquarellfarben malt.*

Erinnerst du dich noch an die Grundformen (Kreis, Quadrat, Rechteck und Oval)? Genau so gibt es auch bei den Farben **Grundfarben**. Das sind Farben, die man niemals durch Mischen bekommen kann:

Aber aus diesen drei Farben kann man alle anderen Farben mischen – deshalb heißen diese dann auch Mischfarben. Wir probieren es mal aus:

Und jetzt du!

Nimm deinen Schulmalkasten und mische aus den drei Grundfarben Orange, Grün und Lila.
Experimentiere und beobachte, was passiert, wenn du zum Beispiel viel Gelb nimmst und nur wenig Blau – oder viel Blau und wenig Gelb. Probiere dies auch mit den anderen Mischungen aus. Wenn du diese Übung gemacht hast, erkennst du, wie viele verschiedene Farbtöne in jeder einzelnen Mischung versteckt sind – es sind unendlich viele! Und das macht das Mischen beim Malen so spannend.

Nun kommen wir aber endlich zu den Farben, mit denen wir in diesem Buch malen werden.

Die Buntstifte

Du kannst Linien ziehen …

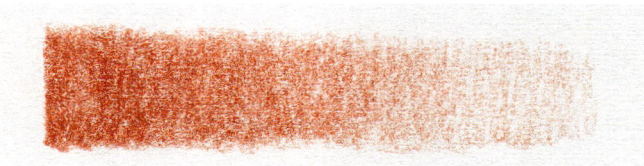

… und schraffieren.

Sie sind sicher „Alte Bekannte" von dir, und du weißt, dass man mit ihnen zeichnen kann wie mit einem Bleistift.

Aber Buntstifte können mehr als ein Bleistift – man kann sie mischen:

zwei Farben …

Hier habe ich ungemischte Farben genommen.

… oder sogar drei und mehr Farben.

Und hier habe ich Farben gemischt.

Ein guter Rat!
Auch wenn du schon oft mit Bunt- oder Aquarellstiften gemalt hast, lies die folgenden Seiten trotzdem. Vielleicht lernst du ja etwas Neues!

Die Aquarellstifte

Mit einem Pinsel und klarem Wasser kannst du die Farbe flüssig machen und gleichmäßig über das Papier ziehen.

Bevor wir anfangen zu malen, brauchen wir neues Papier. Mit deinem normalen Zeichenblock wirst du nicht viel Freude an dieser Technik haben. Wir müssen uns **Aquarellpapier** besorgen.

Dieses Papier ist etwas dicker und rauer als dein Zeichenpapier, und es ist, wenn du einen Block kaufst, an allen vier Seiten festgeklebt. Das muss es auch, weil man oft mit sehr viel Wasser malt. Das Papier kann sich dann nicht zusammenrollen – es bleibt immer glatt.

Das funktioniert auch, wenn man die Farben mischt.

Jetzt habe ich die Luftballons mit Aquarellstiften gemalt: Zunächst sieht man kaum einen Unterschied zu den Buntstiften –

Aquarellstifte sehen aus wie Buntstifte, man malt auch zunächst mit ihnen wie mit Buntstiften. Aber dann wird es spannend! Mit einem Pinsel und Wasser löst man die Farben an und kann sie dann mit Wasser weiter über das Papier ziehen. So wird aus einer dünnen Linie eine dicke Linie.

aber wenn man die Farben mit Wasser vermalt, sind sie viel kräftiger und leuchtender.

Und jetzt du!
Diese Übung kannst du mit mir zusammen machen:
Zeichne ein Kästchen und schraffiere es in deiner Lieblingsfarbe. Male es aber nicht bis zum Rand hin aus, sondern lasse weißes Papier frei, damit du genügend Platz hast für die flüssige Farbe.

Die Aquarellfarben

Diese Farben gibt es in Tuben oder in kleinen Näpfchen. Sie sehen so ähnlich aus wie deine Schulwasserfarben.

Nun muss ich dir nur noch zeigen, wie man mit diesen Farben malt. Es ist nicht ganz einfach; deshalb wäre es auch gut, wenn du die folgenden Übungen mitmachen würdest.

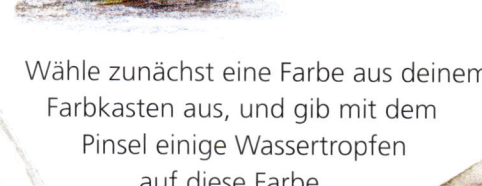

Wähle zunächst eine Farbe aus deinem Farbkasten aus, und gib mit dem Pinsel einige Wassertropfen auf diese Farbe.

Was brauchen wir noch?

◆ ein Glas mit Wasser
◆ einen dicken und einen dünnen Pinsel
◆ einen Lappen
◆ und natürlich Aquarellpapier

Nach kurzer Zeit hat das Wasser die Farbe aufgeweicht, und du kannst sie gut mit dem Pinsel aufnehmen.

Wir malen nun eine Blume in der **Trockentechnik**. Das bedeutet: Wir malen mit nasser Farbe auf trockenem Papier. Ich habe eine Blüte mit großen Blättern gewählt, damit ich viel Platz für meine Farbe habe. Mit dünnen Bleistiftstrichen zeichnest du deine Blüte vor. Dann wählst du eine Farbe aus deinem Farbkasten, feuchtest sie an und wartest einen Moment. Dann nimmst du sie mit dem Pinsel auf und setzt sie an den Rand des ersten Blütenblattes.

Spüle den Pinsel mit Wasser aus und verzieh die Farbe mit dem sauberen Pinsel, so wie du es auf dem Bild siehst. Hast du ein Blütenblatt gemalt, warte bis es getrocknet ist, bevor du das danebenliegende malst.

Genau so malst du die Blütenmitte und den Stiel. Die Farbe für die Blütenmitte habe ich aus Gelb und Braun gemischt, und zwar in dem Deckel meines Farbkastens.

Hast du Lust, einen Hintergrund zu malen? Ich habe mich für die Farbe Blau entschieden, aber du kannst auch eine andere nehmen. Setze den Pinsel am Blütenblatt an und ziehe die Farbe mit Wasser zu den Papierrändern.

Jetzt weißt du, wie man mit der Trockentechnik malt!

Wir malen diese Blume noch einmal – aber in einer anderen Aquarelltechnik: Du malst mit nasser Farbe auf nassem Papier – deshalb nennt man diese Art zu malen auch **Nass-in-Nass-Technik**.

Du feuchtest mit dem sauberen Pinsel ein Blütenblatt an. Achte darauf, dass der Hintergrund trocken bleibt. Auf das nasse Papier tupfst du die rote Farbe. Du wirst seher, wie sie fließt, wenn du ihr Zeit dazu lässt und nicht zu viel mit dem Pinsel hinein arbeitest.

In die feuchte rote Farbe tupfst du Gelb. Auch diese Farbe fließt. An manchen Stellen mischt sie sich mit dem Rot, und es entstehen völlig neue Farben. Wenn du zwei nebeneinander liegende Blätter malst, warte immer, bis das erste völlig getrocknet ist, bevor du das zweite malst. Wenn alle Blütenblätter getrocknet sind, kannst du die Blütenmitte und den Stiel ebenfalls in dieser Technik malen.

Nun fehlt nur noch der Hintergrund. Die blaue Farbe soll von der Blüte nach außen fließen. Ich feuchte das Papier wieder an und tupfe die Farbe um die Blütenblätter herum. Dann lasse ich sie wieder fließen – und das Ergebnis siehst du hier:

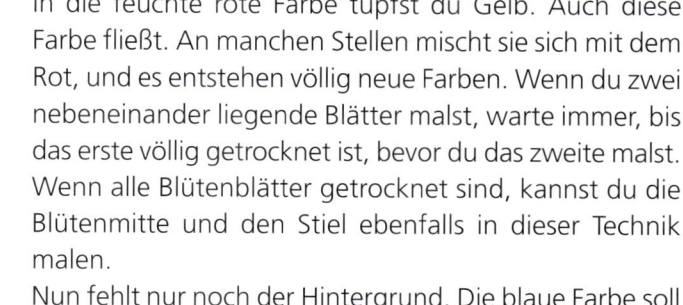

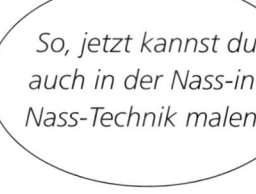

So, jetzt kannst du auch in der Nass-in-Nass-Technik malen!

Die Pastellkreide

Es gibt viele verschiedene Sorten: runde, eckige und sogar Stifte, die aussehen wie deine Buntstifte.

Jetzt wird es aber Zeit, dass wir mit der Kreide arbeiten. Pass mal auf, was du mit der Kreide machen kannst:

Am besten geeignet für unsere Bilder sind runde Kreidestäbchen, nicht zu hart und nicht zu weich. Die Kreide muss sich auf dem Papier gut verwischen lassen. Zeichenpapier, wie du es in der Schule verwendest, ist auch diesmal nicht geeignet. Es ist zu glatt und zu weiß. Mit Pastellkreiden malt man am besten auf farbigem Tonpapier; es geht aber auch auf Packpapier. Außerdem sollte die Oberfläche ein bisschen rau sein, weil dann die Kreidestäubchen besser darauf haften.

Du kannst **Linien ziehen** …

Pastellkreide auf weißem Papier: Die rote Farbe sieht kalt aus.

Hier habe ich graues Papier genommen: Ein schönes, leuchtendes Rot ist entstanden.

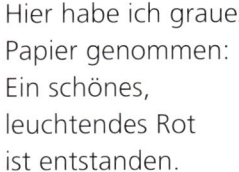

… und **Flächen ausmalen**.

Jedes Pastellkreidebild muss, wenn es fertig ist, besonders geschützt werden. Dazu benutzt man Fixierspray – man kann aber auch Haarspray nehmen. Es ist zwar nicht so gut wie echtes Fixierspray, dafür aber wesentlich preiswerter. Durch dieses Spray haften die Kreideteilchen besser auf dem Papier.

Am besten schützt man jedes Bild, indem man es zwischen zwei Zeitungsseiten legt (wenn es in einer Mappe aufbewahrt wird), oder man rahmt es in einem Glasrahmen und hängt es auf.

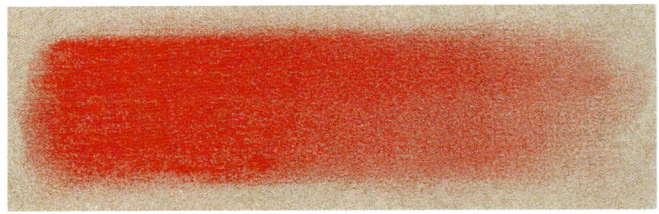

Du kannst die Kreide mit den Fingern **verwischen**. Siehst du den weichen Farbübergang vom kräftigen zum zarten Rot?

Du kannst die Farben **mischen**:
… indem du sie übereinander malst und anschließend verwischst.

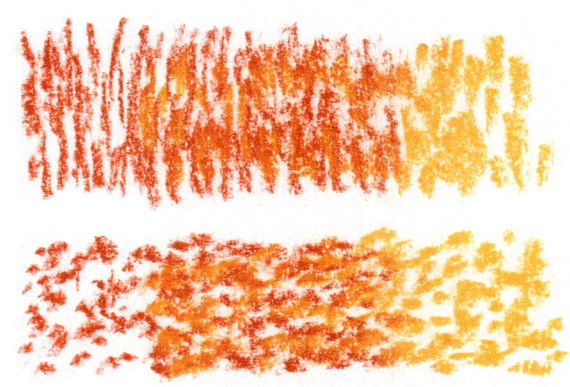

Unten zeige ich dir Schritt für Schritt an einem Apfel alle Techniken, die ich dir gerade erklärt habe. Wenn du Lust hast, kannst du dieses Bild mit mir zusammen malen.

… indem du kurze Striche oder Punkte nebeneinander und übereinander setzt.

Du brauchst folgendes Material:
- graues Tonpapier
- Pastellkreide in den Farben Rot, Gelb, Dunkelgrün, Dunkelbraun und Weiß

Und jetzt du!
Du zeichnest einen Kreis und trägst auf einer Seite rote Farbe auf.

Mit dem Finger verwischst du die Farbe gleichmäßig über den ganzen Kreis.

Den unteren Teil des Kreises übermalst du mit Dunkelgrün für die Schatten, den oberen mit Gelb für das Licht. Alle Farben werden wieder vorsichtig verwischt.

Für den Stiel benutzt du Dunkelbraun, für die Schatten daneben Dunkelgrün. Diese Farben werden nicht verwischt.

Mit Weiß malst du jetzt die hellsten Stellen in den Apfel und auf den Stiel. Für das Gras nimmst du Dunkelgrün. Die Striche dürfen **nicht** verwischt werden!

Zum Schluss übermalst du das Gras mit Gelb und Weiß, wie du es oben auf der Abbildung siehst, und schon ist dein erstes Pastellkreidebild fertig!

Wie zeichne und male ich Tiere?

Hast du alle Übungen und Bilder nachgearbeitet? Dann bist du jetzt fit für das nächste Kapitel.

Denn, was nützt es dir, wenn du weißt, was Linien und Formen sind, wie du mit bestimmten Stiften oder Farben malst – aber wenn du die wichtigste Frage nicht beantworten kannst:

Wie male ich etwas, was ich gerne malen möchte?
Und darum geht es jetzt!

In diesem Kapitel lernst du:
✦ *Wie man mit Hilfe der* **Grundformen** *Tiere zeichnen kann.*
✦ *Wie du ein Pferd und einen Hamster mit Buntstiften zeichnest.*
✦ *Wie Delphine mit Pastellkreiden gemalt werden.*
✦ *Wie ein Papagei mit Aquarellstiften entsteht.*

Wir fangen an mit der Frage: **Wie zeichne ich Tiere?** Erinnerst du dich an unsere Grundformen: Quadrat, Rechteck, Dreieck, Kreis und Oval?

Aus diesen Grundformen zeichnen wir Tiere. Wir fangen an mit dem Oval:

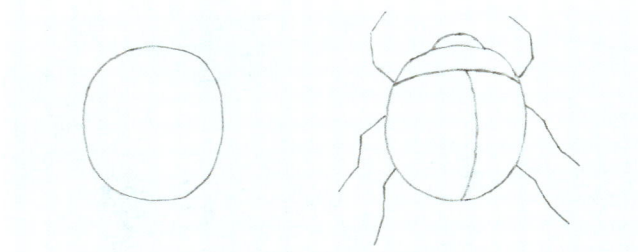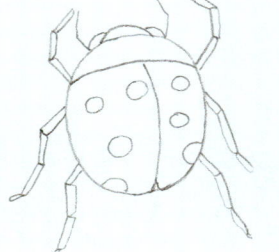

Aus einem Oval entsteht ein Marienkäfer.

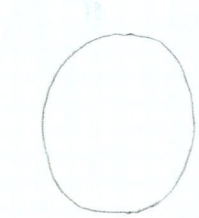

Hättest du gedacht, dass aus einem Oval und noch zwei Ovalen eine Eule entsteht?

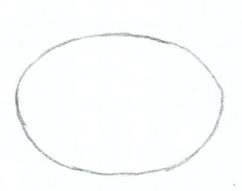

Oder aus einem liegenden Oval ein Fisch?

Aus einem Oval und einem Kreis kannst du ein Häschen zeichnen

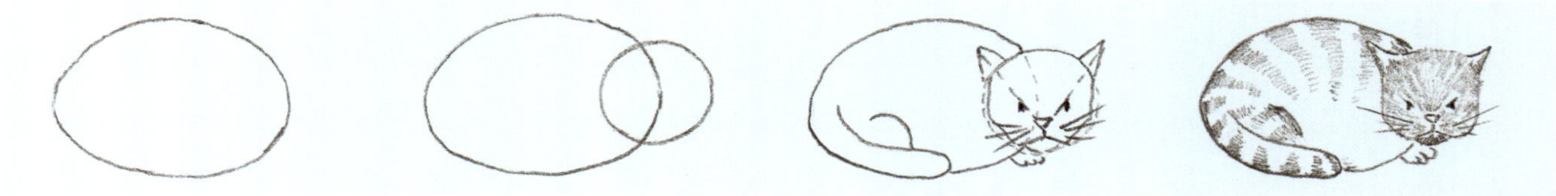

… oder eine Katze.

Nun zeichnen wir zwei Tiere in einem Bild:
Also brauchen wir auch zwei Ovale für die Körper und zwei kleine Kreise für die Köpfe.
Für die Schnäbel, die Flügel und die Schwänzchen zeichnest du kleine Dreiecke. Nun fehlt noch ein bisschen gelbe Farbe – und fertig sind die Küken.

Und jetzt du!

Möchtest du vielleicht ein eigenes Bild zeichnen, mit einem oder mehreren Tieren? Was hältst du von einer Eulenfamilie: Eulenmama, Eulenpapa und mindestens zwei Eulenkinder, die auf einem dicken Ast sitzen? Oder einem Aquarium – mit dicken und dünnen, runden und schmalen, großen und kleinen Fischen? Und dann fällt mir noch ein Katzenbild ein, mit einer sitzenden und einer liegenden Katze – vielleicht auf einem Fensterbrett?

Hast du fleißig mitgezeichnet? Dann hast du jetzt schon eine Menge über das Zeichnen von Tieren gelernt.

*So, jetzt zeige ich dir noch ein paar Beispiele, wie man Tiere malt. Wenn du gut aufpasst, kannst du auch bald **mich** malen!*

Wir malen einen Hamster

Wenn du Tiere zeichnest, ist die Form wichtig – das hast du gelernt!

Für die nächsten Tiere lassen wir uns etwas mehr Zeit. Es geht nun nicht mehr nur darum, wie diese Tiere *gezeichnet* werden, sondern besonders auch darum, wie Fell, Gefieder oder Haut in den verschiedenen Techniken (Bunt- und Aquarellstifte, Pastellkreiden) *gemalt* werden. Am besten fangen wir gleich mit mir, deinem Lieblingshamster, an!

Das ist leicht! Ein Oval und ein Kreis.

Du brauchst folgendes Material:

- ◆ Zeichenpapier
- ◆ Bleistift HB
- ◆ Buntstifte in den Farben Gelb, Rotbraun, Blau und Schwarz

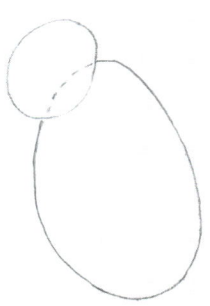
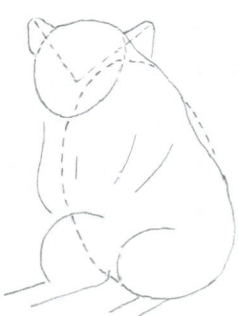

Sieh dir die Zeichnung an! Es ist viel hinzugekommen – aber das Oval und den Kreis erkennst du immer noch.

Nun habe ich ein Gesicht, und Pfoten und Hamsterbacken sind auch entstanden. Aber ein paar Linien sind jetzt zuviel.

Radiere die gestrichelten Hilfslinien weg – und es sieht tatsächlich wie ein kleiner Hamster aus. Man kann mich schon fast erkennen.

Rotbraun, Schwarz und Gelb sind die Grundfarben für das Fell. Zeichne mit kurzen Strichen, die du eng aneinander setzt. Beachte auch die Richtung, in die ich die Striche gesetzt habe, in dieser Richtung wächst nämlich mein Fell.

Um das Fell am Bauch und im Gesicht teilweise dunkler zu bekommen, drückst du fester auf deine Buntstifte. Benutze außerdem Blau (über dem Schwarz).

Mit Schwarz malst du meine Augen, mit Rotbraun Nase und Mäulchen. Gelb und Rotbraun gemischt, ist die Farbe für Füße und Vorderpfoten.

Nun wird das Fell noch einmal mit Schwarz und Blau überarbeitet. Meine langen Schnurrbarthaare malst du zum Schluss. Mit Rotbraun, Blau und Schwarz tönst du den Bereich unter mir.

Wir malen Delphine

Hast du Lust Delphine zu malen? Ich zeige dir, wie man es macht, denn es ist gar nicht schwer!

Wir malen dieses Bild mit Pastellkreide.

Die Delphine entstehen aus Ovalen, die ein bisschen wie Würstchen aussehen. Das hintere Ende wird durch ein lang gezogenes Dreieck gebildet.
Zeichne die spitzen Schnauzen und die Schwimm- und Schwanzflossen ebenfalls mit kleinen Dreiecken.

*WICHTIG!
Die ersten beiden Schritte zeige ich dir auf weißem Papier, damit du die Zeichnungen besser erkennen kannst. Du aber benutzt graues Tonpapier und weiße Pastellkreide für die Vorzeichnung!*

Auf dem grauen Tonpapier siehst du die fertige Vorzeichnung. Den Hintergrund habe ich durch einen waagerechten Strich geteilt – hier treffen sich Himmel und Wasser.

Für den Himmel nimmst du das helle Blau, für das Wasser das dunkle. Verwische die Farben anschließend mit den Fingern. Den Sonnenuntergang malst du mit Rot, Orange und Gelb – nicht verwischen!

Himmel und Wasser übermalst du noch einmal mit Weiß und verwischst die Farben mit den Fingern. Für die dunkelsten Stellen der Delphine nimmst du zuerst Schwarz, dann Dunkelblau. Nicht verwischen!

Alle Teile der Delphine übermalst du mit Grau; dadurch mischen sich die Farben – nur für die hellsten Stellen nimmst du Weiß.

Jetzt wird das Wasser noch einmal mit Grau und Weiß überarbeitet. Zum Schluss malst du die Wasserspritzer mit Weiß – sie werden nicht verwischt!

Wir malen einen Papagei

Du brauchst folgendes Material:
- Aquarellpapier
- Bleistift HB
- Aquarellstifte in den Farben Gelb, Orange, Hell- und Dunkelblau, Hellgrün, Braun und Schwarz

Ich zeige dir jetzt noch ein Tier! Mit Aquarellstiften malen wir einen Papagei.

Die erste Linie sieht aus wie ein Spazierstock – das ist der Rücken. Ein kleiner Bogen nach innen für das Gesicht – ein großer Bogen nach außen für den Bauch. Jetzt entsteht der gebogene Schnabel und ein zweiter Spazierstock deutet den Flügel an.

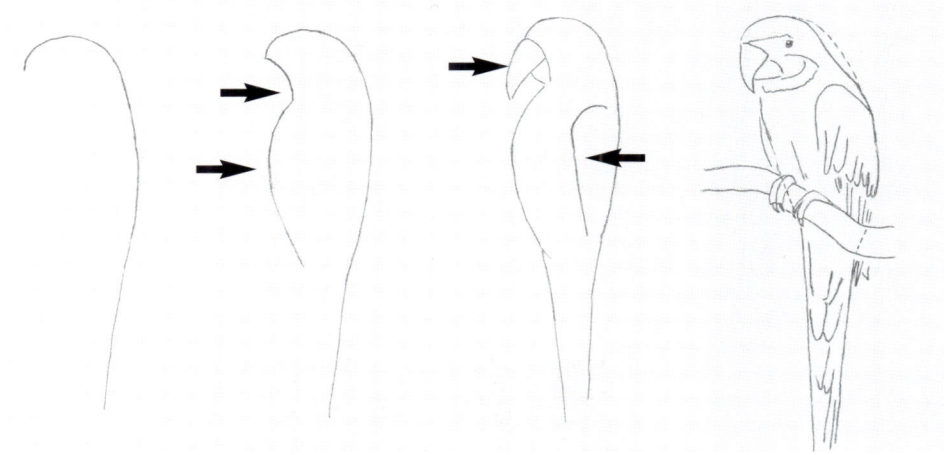

Die Vorzeichnung ist jetzt fertig. Ich habe Federn eingezeichnet – vor allem am Flügel und am Schwanz. Die wichtigsten Linien im Gesicht sind entstanden, und ich habe den Papagei auf einen Ast gesetzt. Wenn du mit dieser Zeichnung fertig bist, kannst du die gestrichelten Hilfslinien wegradieren.

Mit Gelb, Hellblau, Grün und Schwarz malst du den Papagei aus. Die dunklen Stellen malst du mit Dunkelblau, Orange und Braun.

Möchtest du noch einen Hintergrund malen? Nur zu! Dir fällt bestimmt etwas ein!

Hier siehst du das fertige Bild. Die Farben habe ich mit Wasser und einem Pinsel angelöst. Warte, wenn du eine Fläche gemalt hast, bis sie völlig getrocknet ist, bevor du die nächste anfeuchtest, damit dir die Farben nicht ineinander fließen.

Wir malen ein Pferd

Das ist dir zu schwer? Pass auf, ich zeige dir, wie man es macht!

Und weil ein Pferd so schön ist, zeichnen wir es einmal mit Bleistift und dann noch einmal mit Buntstiften.

> **Du brauchst folgendes Material:**
> ◆ Zeichenpapier
> ◆ Bleistift HB
> ◆ Buntstifte in den Farben Rotbraun, Dunkelbraun, Dunkelblau und Schwarz.

Das sind die Grundformen für ein Pferd. Ein Dreieck bildet den Kopf, Rechtecke den Körper und die Beine. Den Kopf und den Körper verbindest du mit zwei geraden Linien. Die Linien aus dem ersten Schritt sind jetzt gestrichelt – so kannst du gut erkennen, wie du den Kopf und den Körper in diese Hilfslinien zeichnest.

Nun bekommt das Pferd Augen, Nüstern und Mähne – und sieht schon aus wie ein richtiges Pferd! Hier siehst du es noch einmal, nachdem ich die Hilfslinien wegradiert habe.

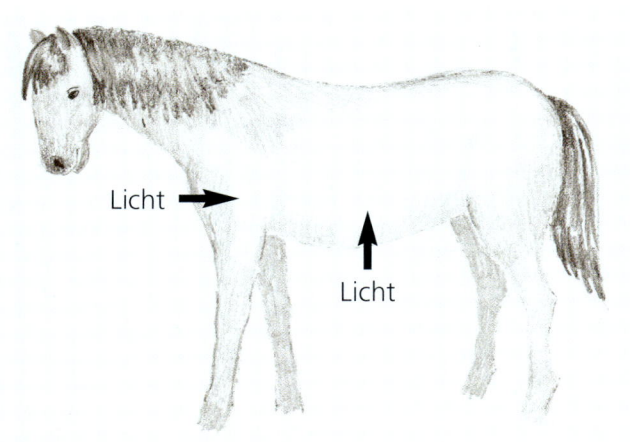

Licht →

↑ Licht

Mit ganz zarten, hellen Bleistiftstrichen schraffierst du den Körper. Am Bauch und am Vorderfuß lässt du für das Licht weißes Papier stehen. Wo du Schatten erkennst, drückst du etwas fester auf deinen Stift. Die Mähne und den Schweif zeichnest du ziemlich dunkel.

In diesem Schritt arbeitest du die Schatten dunkler, dadurch bekommt das Pferd ein glattes, glänzendes Fell.

Wie versprochen, malen wir jetzt das Pferd noch einmal mit Buntstiften.

Die vier Schritte der Vorzeichnung brauche ich dir nicht mehr zu erklären, und deshalb können wir sofort mit der Farbe anfangen:

Zunächst schraffierst du den Körper gleichmäßig mit Rotbraun.

Schwarz nimmst du für die Mähne, den Schweif, die Nüstern und das Auge.

Nun arbeitest du die Schatten heraus. Dunkelbraun brauchst du für den Kopf, den Hals, den Rücken und die vorderen Beine. Die dunkelsten Schatten am Bauch und den hinteren Beinen malst du mit Schwarz.

Im letzten Schritt werden die Schatten noch einmal dunkler gemalt. Wo du Schwarz benutzt hast, setzt du Dunkelblau darüber. Auch die Mähne und der Schweif müssen kräftiger getönt werden.

29

Wie zeichne und male ich Landschaften?

In diesem Kapitel zeige ich dir:
- ✦ Wie schon aus ganz wenigen Linien eine **Landschaft** entstehen kann.
- ✦ Was ein **Vorder-**, **Mittel-** und **Hintergrund** ist.
- ✦ Wie mit Hilfe der Grundformen (Kreis, Oval, Rechteck, Dreieck) **Bäume** und **Blumen** entstehen.
- ✦ Wie **Häuser** gezeichnet werden.
- ✦ Wie man **Blumen** in einer Landschaft malt.

Sieh dir die vier Bilder an:

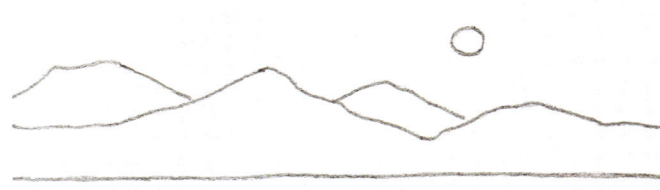

Das ist schon eine Landschaft! Sie zu zeichnen, ist nicht schwer – aber es ist ein langweiliges Bild.

Wenn du jedoch die Flächen mit dem Bleistift unterschiedlich hell und dunkel ausmalst, entsteht plötzlich eine Nachtstimmung, ohne dass du eine einzige Farbe benutzt hast.

Das ist dasselbe Bild, aber eine völlig andere Tageszeit – ein stimmungsvoller Sonnenuntergang, gemalt mit Aquarellfarben.

Mit Hilfe von Buntstiften ist aus demselben Bild sogar eine Wüstenlandschaft entstanden.

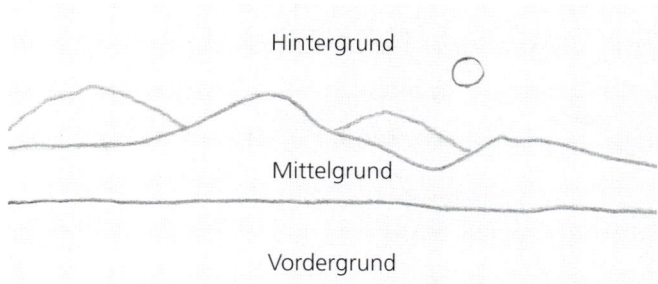

Hintergrund

Mittelgrund

Vordergrund

An diesem Bild siehst du auch: eine Landschaft besteht aus **Vorder-, Mittel- und Hintergrund.**

Ich zeige dir jetzt drei Beispiele für eine andere Bildaufteilung:

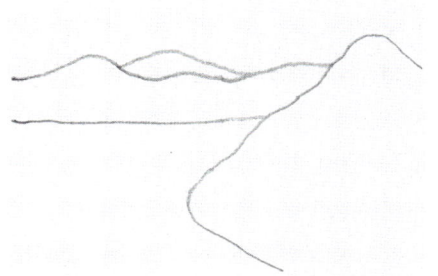 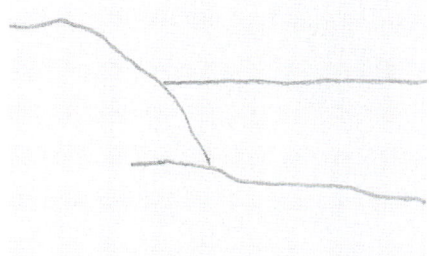 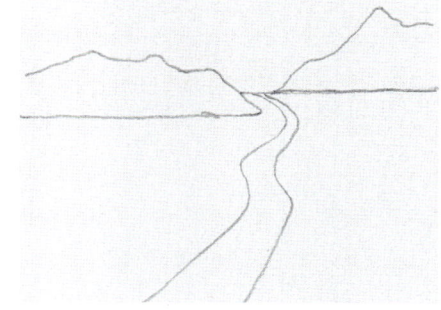

Und jetzt sieh dir das dritte Bild noch einmal an!

  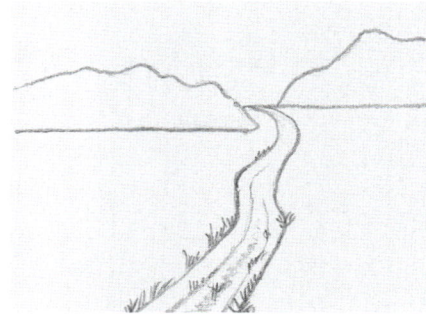

Dies könnte eine Straße …   ein Fluss …   aber auch ein Weg sein,

der durch Felder und Wiesen …   ein grünes Tal …   oder eine Wüste führt.

Und jetzt du!
Benutze eines der drei Bildbeispiele und male ein eigenes farbiges Bild, mit Buntstiften oder Aquarellstiften.

Bestimme die Landschaft (Wüste, Wiesen, Felder oder Wasser) und die Tageszeit (Sonnenauf- oder -untergang) oder male blauen Himmel mit kleinen, weißen Wölkchen.

Wir zeichnen und malen Bäume

Zu einem richtigen Landschaftsbild gehört mehr als nur Himmel, Wasser, Berge, Felder und Wiesen – und deshalb zeichnen wir jetzt Bäume! Es gibt allerdings so viele unterschiedliche Bäume, dass ich dir hier nur die wichtigsten zeigen kann. Aber wenn man weiß, wie sie gewachsen sind und in welche Grundformen sie hineinpassen, kann man eigentlich jeden Baum zeichnen. Am besten erkennst du dies natürlich im Winter, wenn die Bäume kein Laub tragen. Wir fangen an mit dem Wichtigsten des Baumes, mit dem **Stamm**. Er muss gut in der Erde verankert werden, das heißt, dort wo er den Boden berührt, ist seine dickste Stelle.

Das Gleiche gilt auch für die Äste! Dort, wo sie an den Stamm wachsen, ist ihre dickste Stelle:

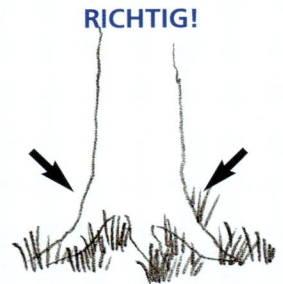

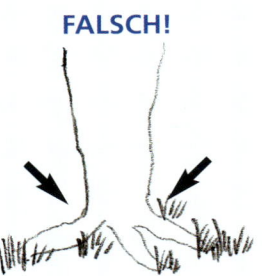

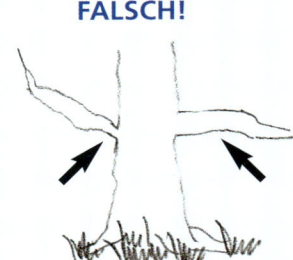

Je weiter der Stamm in den Himmel wächst, umso dünner wird er nach oben hin. Oft teilt er sich auch in mehrere dicke Äste.

Zeichne sie nie so an den Stamm …

… sondern immer so: leicht schräg nach oben und nach außen dünner werdend.

So, nun kommen wir aber endlich zu den vollständigen Bäumen. Erinnerst du dich noch an die Grundformen? Jetzt brauchen wir sie wieder!

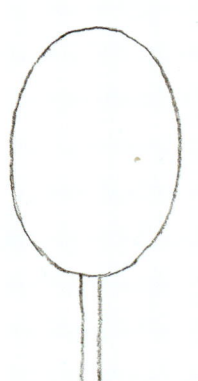

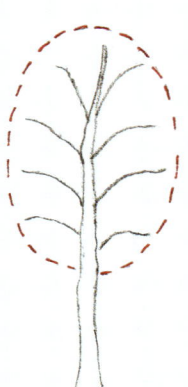

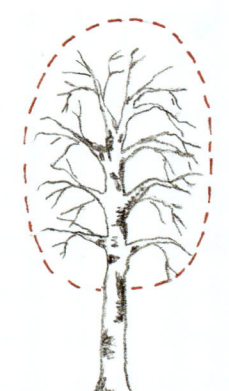

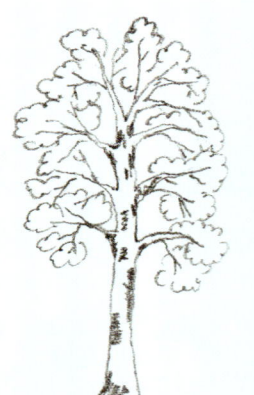

Und so zeichnest du aus einem Oval eine Birke.

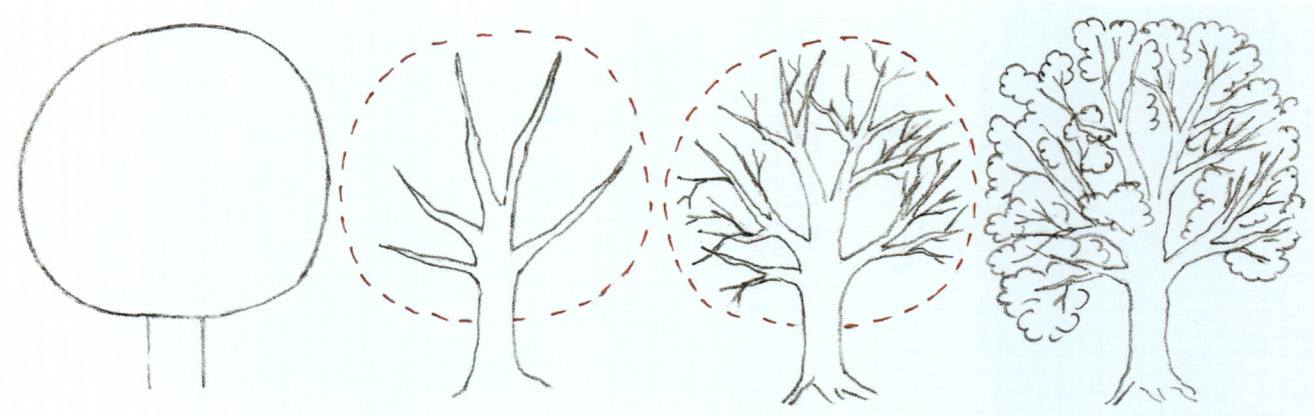

Aus einem Kreis entsteht eine Buche.

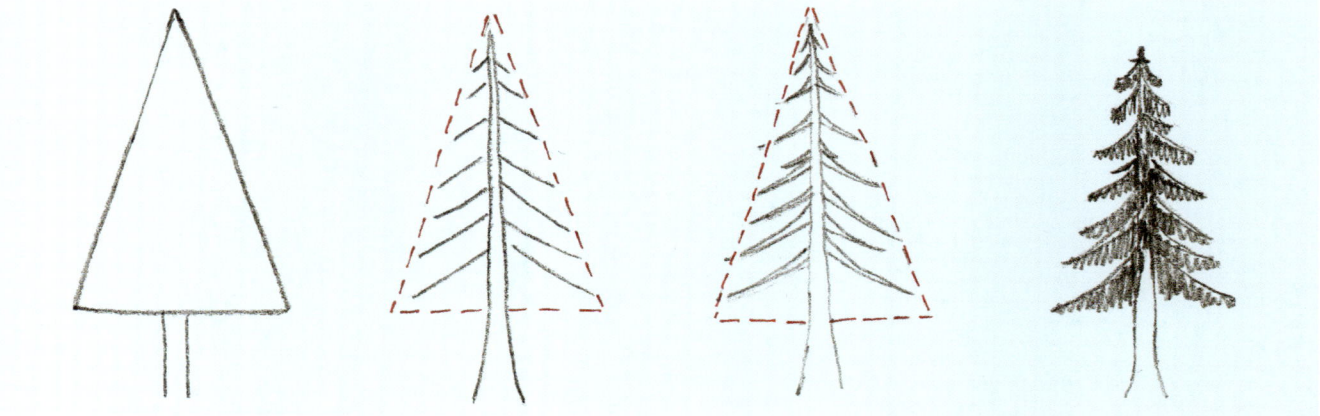

Ein Dreieck ist die Grundform für eine Tanne.

Und jetzt du!
Zeichne andere Bäume, die in die Grundformen passen:
Zum Beispiel: einen Apfel-baum (Kreis) oder eine Pappel (Oval).
In welche Grundform passen die meisten Bäume, die du kennst?

Hier sind unsere drei Bäume noch einmal in Farbe – gemalt mit Buntstiften.

Und so verwandelt sich ein Baum im Laufe des Jahres:

Frühling,

Sommer,

Herbst

und Winter – gemalt mit Aquarellstiften.

Erinnerst du dich an diese Landschaft?

Sieh mal, wie sie sich verändert, wenn wir Bäume einzeichnen:

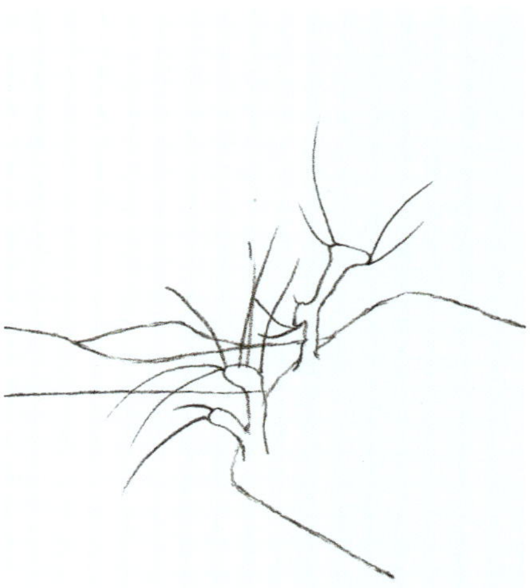

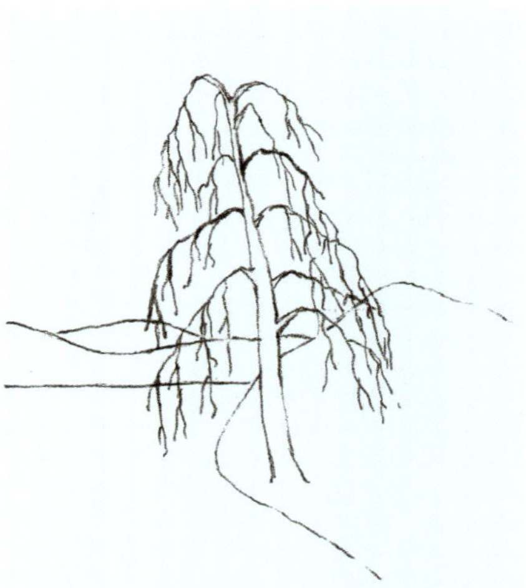

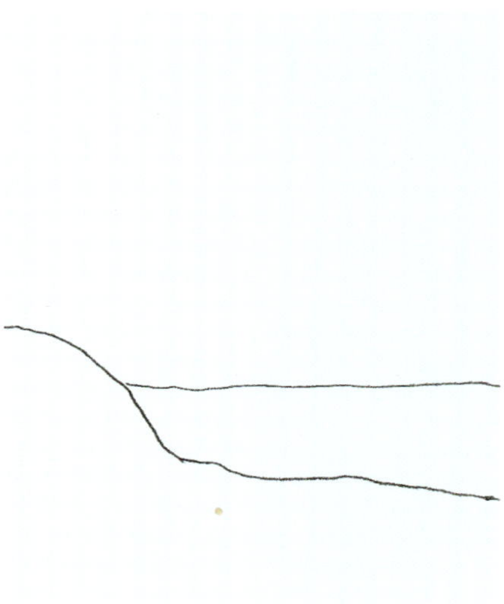

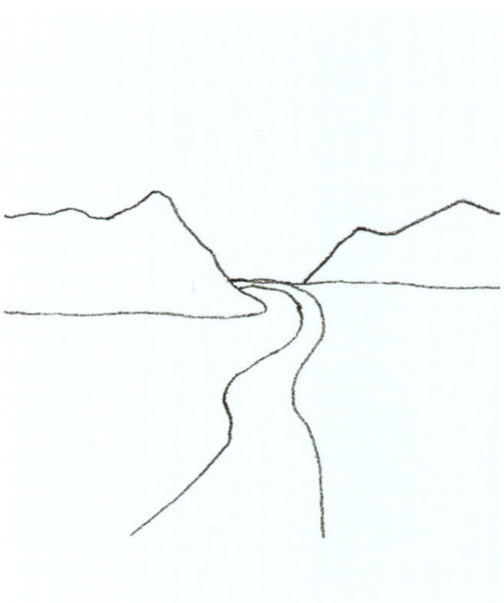

Und jetzt du!
Zeichne diese beiden Landschaften ab und setze in jedes
dieser Bilder Bäume!

Nun zeige ich dir noch eine besondere Technik, einen Baum zu malen. Wir erarbeiten sie mit Buntstiften, du kannst sie jedoch auch beim Malen mit Aquarellstiften verwenden.

Mit einem harten Bleistift (Nr. F) zeichnest du die Umrisse des Baumes. Bei den Ästen und Zweigen drückst du ganz besonders fest auf den Bleistift. Anschließend radierst du die Linien der Äste und Zweige wieder weg.

Ich zeige dir einen Bildausschnitt in der Vergrößerung. Hier kannst du die ausradierten Linien gut erkennen, wie sie sich in das Papier gedrückt haben.

Wenn du anschließend den Baum mit Farbstiften übermalst, tauchen all die kleinen und größeren Äste als helle Linien wieder auf.

Der Kniff besteht darin, dass durch den starken Bleistiftdruck das Papier nach unten gepresst wird. Die entstandenen Linien befinden sich so tief im Papier, dass darüber gemalte Farbe sich nicht in diese Vertiefungen setzen kann – sie bleiben weiß!

Noch einmal eine Vergrößerung:

So, und nun zurück zu den Landschaften.

Aus den drei Landschaften von Seite 31 habe ich diese ausgesucht – und daraus machen wir jetzt ein **Aquarellbild**.

Du brauchst folgendes Material:
- ◆ Aquarellpapier
- ◆ Bleistift HB
- ◆ Pinsel Nr. 4 und Nr. 8
- ◆ Aquarellfarben in Lichter Ocker, Ultramarinblau, Hookersgrün und Sepiabraun.

Übertrage das Bild mit dem Bleistift auf Aquarellpapier. Im Deckel deines Farbkastens mischst du Ultramarinblau mit Wasser. Mit dem Pinsel Nr. 8 trägst du die Farbe bis zu den Bergen auf. Male schnell und ohne Pause, damit keine Trocknungsränder entstehen.

Die Farbe für die Berge im Hintergrund und das Wasser musst du mischen – aus Ultramarinblau und Hookersgrün. Wenn du das Wasser malst, beginnst du am besten an der Insel und ziehst den Pinsel in Richtung des Pfeils.

So könnte dein Bild jetzt aussehen.

Die vorderen Berge übermalst du noch einmal mit der blaugrünen Mischung. Aus Hookersgrün, Lichter Ocker und Ultramarinblau mischst du das Grün für die Insel.

Mit Sepiabraun und dem Pinsel Nr. 4 malst du die dunklen Flecken der Birken und die kleinen Äste. Für das dunklere Gras rund um die Bäume mischst du etwas Ultramarinblau in die Farbmischung für die Insel.

Gefällt dir dein erstes Aquarellbild? Dann probieren wir jetzt eine neue Technik aus.

Wir malen mit **Pastellkreide**! Damit kommen wir zu einem ganz anderen Bild!

Du brauchst folgendes Material:
- graues Tonpapier
- Pastellkreide in den Farben Weiß, Hautfarbe, Dunkelblau und Schwarz

Eine Vorzeichnung brauchen wir nicht. Zunächst malst du den Hintergrund. Färbe die Hauptflächen, wie du es auf dem Bild siehst. Beginne mit Schwarz, dann Dunkelblau, Hautfarbe und zum Schluss Weiß. Beachte beim Weiß die Strichrichtung der Strahlen!

Im zweiten Schritt werden die Farben vorsichtig mit den Fingern verwischt. Die Finger müssen sauber sein, wenn du das Weiß verwischst.

Im letzten Bild ist der Hintergrund fertig! Mit der Kante deiner schwarzen Kreide zeichnest du zunächst den dicken Stamm, dann die Hauptäste und zum Schluss die kleinen Zweige. Die Farbe wird nicht verwischt!

Wir zeichnen und malen Häuser

Wolltest du immer schon wissen, wie man Häuser malt? Hier hast du jetzt Gelegenheit, es zu lernen! Ich werde dir ganz viele verschiedene Häuser zeigen und dir erklären, wie man sie zeichnet. Wir fangen ganz einfach an:

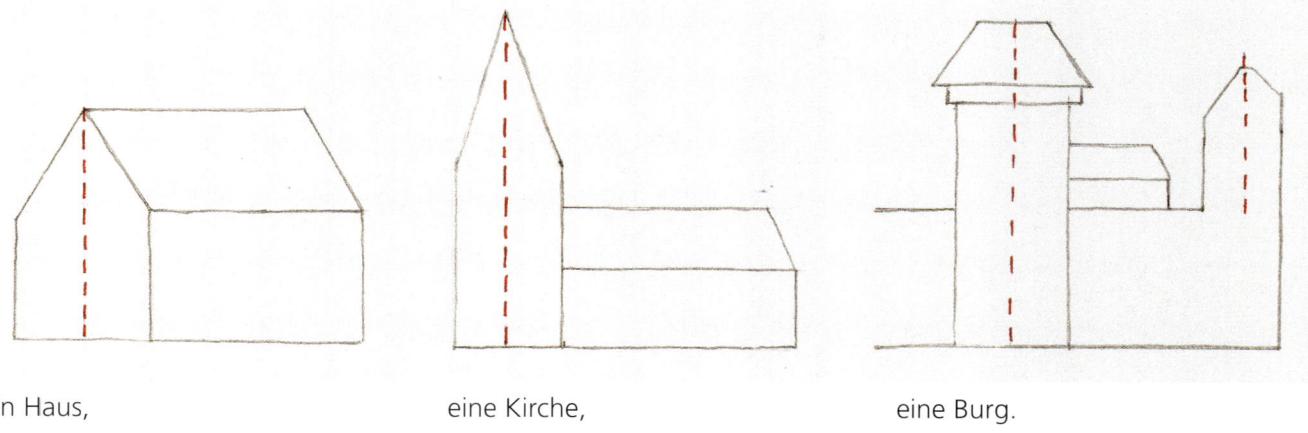

Ein Haus,   eine Kirche,   eine Burg.

Die gestrichelte Linie hilft dir, die Dachspitzen in die Mitte zu setzen.

Die Dachziegel entstehen, wenn du Schlangenlinien eng aneinander zeichnest. Kleine dunkle Vierecke bilden die Fenster.

Sieh mal, wie sich die Häuser verändern, wenn man sie farbig zeichnet!

Jedes Haus steht in einer Landschaft, entweder allein oder mit anderen Häusern zusammen.

Auf dieser und der nächsten Seite stelle ich dir unterschiedliche Häuser vor, in ihren typischen Landschaften:

Einen Bauernhof

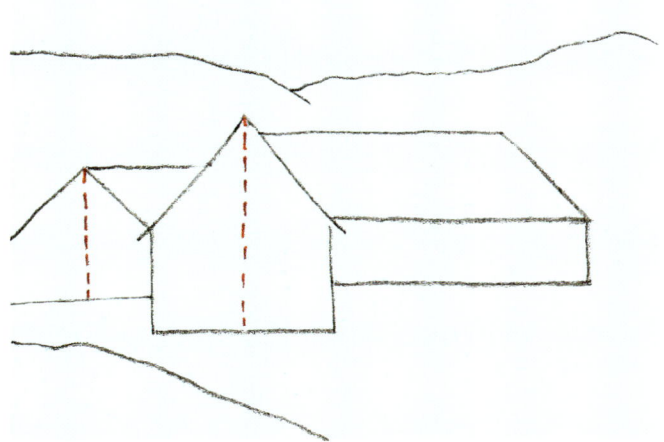

Noch kann man nicht erkennen, dass es ein Bauernhof werden soll …

… aber Fenster und Türen und das Fachwerkmuster ändern das schnell.

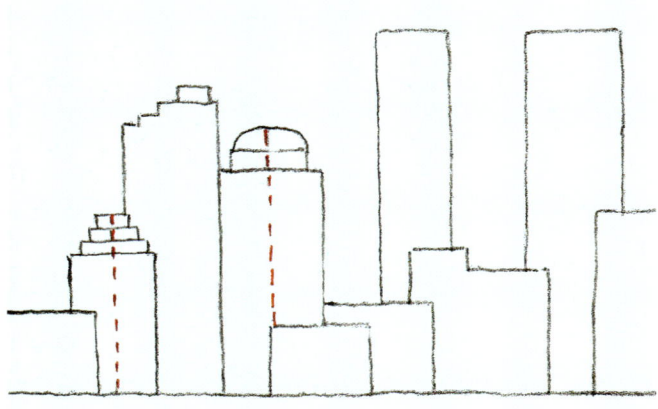

Eine große Stadt

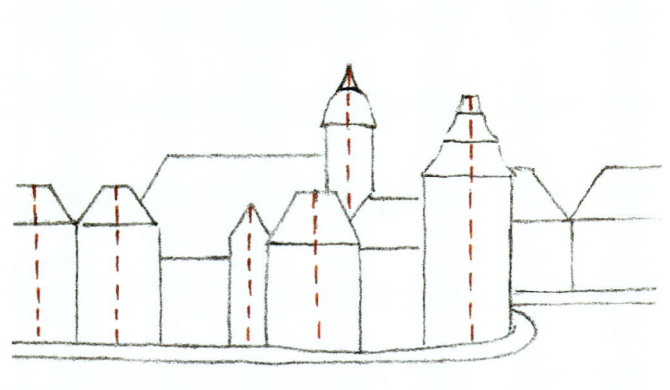

Häuser an einer Straße

Bei den nächsten beiden Bildern ist es ganz besonders wichtig, dass du die gestrichelte Mittellinie ziehst. Es könnte sonst leicht passieren, dass deine Türme schief werden. Und es gibt noch eine Besonderheit: Die Türme sind **rund**, deshalb müssen die waagerechten Linien innerhalb der Türme leicht gebogen gezeichnet werden.

Und jetzt du!
Hast du Lust bekommen, das eine oder andere Haus abzuzeichnen? Nur zu! Es ist eine gute Übung!

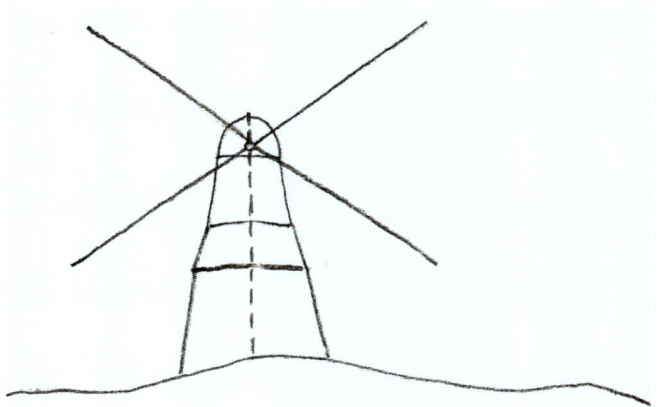

Eine Windmühle

Ein Wasserschloss

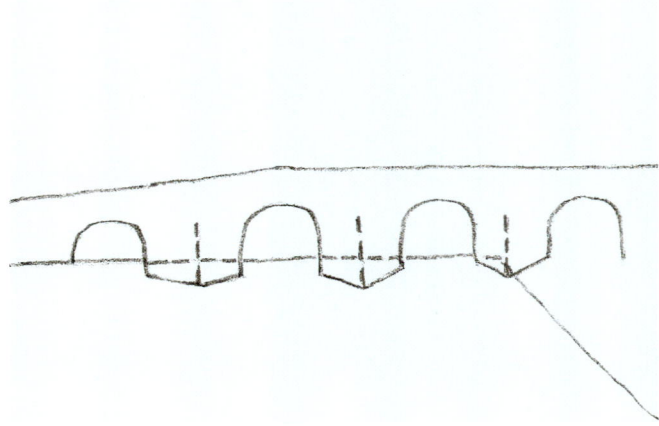

Ein Dorf und eine Brücke

Wir malen einen Leuchtturm

Hast du fleißig geübt? Dann dürfte dir das folgende Bild nicht allzu schwer fallen!

Du brauchst folgendes Material:
- graues Tonpapier
- Pastellkreide in den Farben Weiß, Gelb, Blau, Grün, Hell- und Dunkelrot, Braun, Grau und Schwarz

Wichtig! Die ersten beiden Schritte der Vorzeichnung zeige ich dir wieder auf weißem Papier. Du benutzt aber graues Tonpapier und weiße Pastellkreide für deine Vorzeichnung!

Den Leuchtturm zeichnest du um die gestrichelte Mittellinie herum.

Teile den Turm in sieben Flächen ein und setze oben als Dach ein kleines Dreieck auf. Weil der Turm rund ist, müssen die waagerechten Linien leicht gebogen sein!

Neben den Leuchtturm zeichnest du zwei kleine Häuser – und die Vorzeichnung ist fertig!

Mit Blau malst du den Himmel, mit Grün die Wiese. Wo Häuser und Turm stehen sollen, bleibt das Papier leer.

Anschließend übermalst du den Himmel mit Weiß. Dann verwischst du die Farben in Himmel und Wiese.

Für den Leuchtturm und die Häuser benutzt du Hellrot und Weiß, für das Dach des Turms Schwarz. Ein schmaler Streifen in den roten Flächen des Turms bleibt frei.

Licht und Schatten werden jetzt herausgearbeitet: Die roten Flächen färbst du außen dunkelrot, den freigelassenen Streifen malst du weiß. Die Hausdächer dunkelst du mit Braun ab. Die Wiese bekommt mit Gelb helle Stellen. Anschließend verwischst du die Farben.

Wir malen ein Haus mit roten Ziegelsteinen

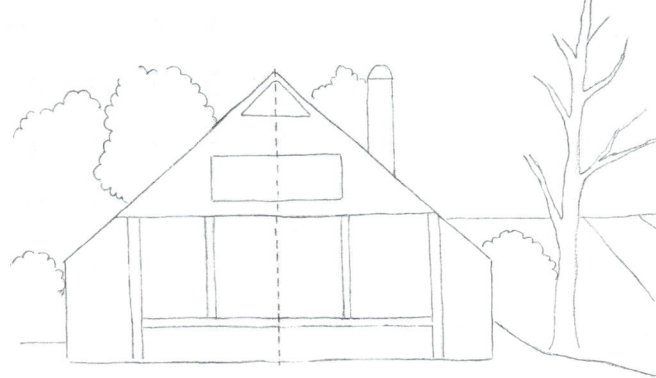

Du brauchst folgendes Material:
- Zeichenpapier
- Bleistifte HB und F
- Buntstifte in den Farben Hellblau, Dunkelgelb, Dunkelrot, Hell- und Dunkelgrün, Braun und Schwarz

Ein schönes, großes Haus entsteht, wie du es auf dem Bild siehst, um die gestrichelte Mittelachse herum.

Jetzt hat das Haus Fenster und die Balken im unteren Teil sind vollständig. Wenn du die Äste der Bäume zeichnest, nimm den harten Bleistift F und drücke fest auf.

Die Ziegelsteine zeichnest du wie die Äste – mit dem harten Bleistift. Nach dem Wegradieren und Darübermalen bleiben tiefe Linien auf dem Papier.

Erinnerst du dich noch an die **„besondere Technik"** *einen Baum zu malen von Seite 36? Diese Technik wenden wir jetzt wieder bei den Bäumen und auch bei den Ziegelsteinen an.*

Ich zeige dir das Ganze noch einmal in Vergrößerung.

Hier brauche ich dir nichts mehr zu erklären. Alles was wichtig ist, siehst du auf den beiden Bildern.

Wir malen ein Dorf in den Bergen

> **Du brauchst folgendes Material:**
> ◆ Aquarellpapier
> ◆ Bleistift HB
> ◆ Pinsel Nr. 4 und Nr. 8
> ◆ Aquarellstifte in den Farben Blau, Grau, Hellrot, Rot- und Dunkelbraun, Hell- und Dunkelgrün und Schwarz.

Zeichne die Linien für den Vordergrund und deute die Berge im Hintergrund an.

Das kleine Dorf entsteht. Alle Häuser habe ich um die gestrichelten Mittelachsen herum gezeichnet.

Es fehlen nur noch Fenster und die Dacheinteilungen.

Wie du mit den Farben malst, siehst du auf dem Bild.

Hier habe ich Schatten gemalt und kleine Blumen in die Wiese gesetzt.

Zum Schluss werden die Farben mit dem Pinsel und mit Wasser angelöst – aber das kennst du ja schon.

47

Wir malen Blumen

In einem Kapitel über Landschaften dürfen Blumen natürlich nicht fehlen. Deshalb zeige ich dir auf dieser und den nächsten Seiten Frühlings- und Sommerblumen.

Wir zeichnen sie mit Hilfe der **Grundformen** und malen sie farbig mit Buntstiften.

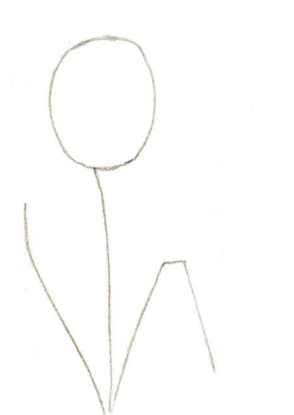 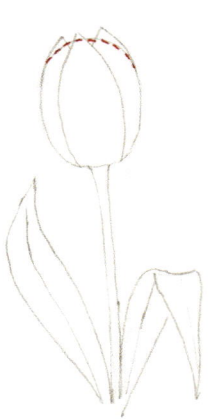  

Aus einem Oval entsteht eine Tulpe.

Ein Dreieck und ein Oval sind wichtig für die Osterglocke.

 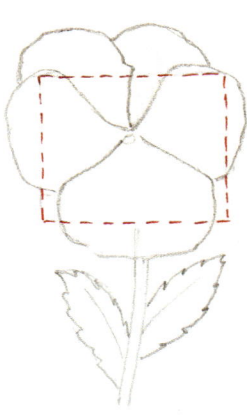  

Ein Quadrat hilft dir bei dem Stiefmütterchen.

Hier siehst du drei typische Sommerblumen:

Zwei Kreise sind die Grundformen für eine Sonnenblume.

Aus einem Rechteck entsteht eine Mohnblume.

Sogar eine Rose ist nicht schwer, wenn man sie so aufbaut.

Und jetzt stellen wir aus diesen vielen verschiedenen Blumen ein ganzes Beet zusammen.

Wir malen ein Blumenbeet mit Frühlingsblumen

Sollen wir zusammen das zweite Bild malen?

Du kannst dein Blumenbeet so …   oder auch so zeichnen.

Das erste Bild ist langweilig. Ich finde das zweite Bild schöner.

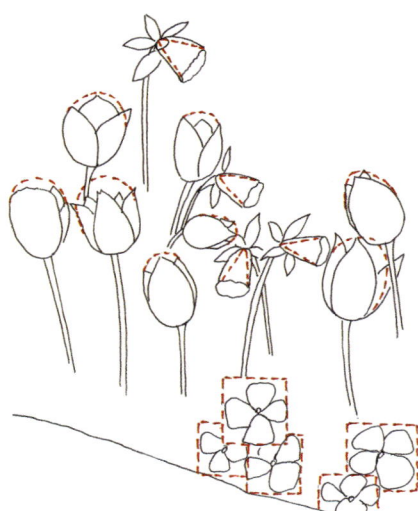

Das sind alles Grundformen, die du kennst. Wir bestimmen jetzt, wo jede Blume wachsen soll.

In die Grundformen zeichne ich anschließend die Blüten. Die Grundformen erscheinen jetzt nur noch gestrichelt.

Wir beginnen mit den Blumen. Male die Formen nicht bis zum Rand aus, sondern lass genügend weißes Papier stehen.

Jetzt werden Schatten gemalt: In den Tulpen mit Dunkelrot, für die Osterglocken nimmst du Orange und für die Blätter Dunkelgrün. Der Hintergrund bekommt eine gleichmäßige blaue Farbe.

Im nächsten Schritt entsteht der Vordergrund mit Dunkelbraun und Hellgrün; die Zwischenräume der Blumen malen wir dunkler mit Blau und Dunkelgrün.

Am Schluss löst du mit dem Pinsel Nr. 4 und Wasser die Farben Schritt für Schritt an.

Wir malen eine Blumenwiese

Wir sind fast am Schluss unserer Reise durch die Landschaften angekommen. Was uns noch fehlt, ist ein Bild mit Sommerblumen. Deshalb malen wir jetzt eine Sommerblumenwiese mit Pastellkreide.

Du brauchst folgendes Material:
- grünes Tonpapier
- Pastellkreide in den Farben Weiß, Hell- und Dunkelgelb, Hellblau, Rot, Hell- und Dunkelgrün und Schwarz

Wie immer bei einem Pastellkreidebild zeige ich dir die ersten Schritte der Vorzeichnung auf hellem Papier – du benutzt jedoch grünes Tonpapier!

Kreise und Ovale entstehen zunächst auf deinem Papier. Da in jede dieser Formen später eine Blüte hineingezeichnet wird, legst du jetzt fest, wo jede Blume wachsen und wie groß sie werden soll.
Für die Blütenmitte zeichnest du in jede Form kleine Kreise und Ovale.

Hier siehst du, wie die Blütenblätter innerhalb der Kreise und Ovale gezeichnet werden.

Links siehst du noch einmal die Vorzeichnung auf Originalpapier, nachdem alle Hilfslinien wegradiert wurden.

Auf diesem Bild zeige ich dir gleich zwei Schritte: Zuerst malst du die Blütenmitte mit Hellgelb – anschließend nimmst du Weiß für die Blätter. Die Farben nicht verwischen!

Mit Dunkelgelb malst du dann Schatten in die Blütenmitte, mit Hellblau in die weißen Blätter. Rot und Schwarz brauchst du für die Marienkäfer.

Zum Schluss färbst du den Hintergrund im unteren Teil mit Dunkelgrün ein, im oberen Teil nimmst du Hellgrün. Diese Farben werden jetzt vorsichtig mit den Fingern verwischt. Wenn du genau hinsiehst, erkennst du, dass ich viel grünes Papier im oberen Bildteil nicht bemalt habe.

Wie zeichne und male ich Gegenstände und Stillleben?

In diesem Kapitel lernst du:
◆ *Wie mit Hilfe der Grundformen Gegenstände gezeichnet werden.*
◆ *Wie man Gegenstände zu einem Bild zusammenstellen kann.*

Wir malen Früchte

Wir fangen an mit einem Apfel. Schön groß soll er werden.
Er passt in ein Quadrat.

Erkennst du den Unterschied? Der Erste ist schon jetzt schön rund, obwohl wir noch keine Schatten gemalt haben, der zweite Apfel ist flach wie eine Scheibe.

RICHTIG!

FALSCH!

Licht

Schatten

Schatten entstehen, wenn du mit einem Bleistift 2B Teile des Apfels dunkler tönst, so wie du es auf dem Bild siehst.

Mit dem Bleistift HB wird der Apfel zunächst gleichmäßig getönt. Hier siehst du die Richtung, in die die Striche für die Schraffur gesetzt werden müssen.

Setze sie nie so!!!

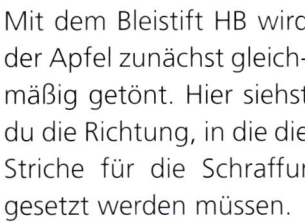

Derselbe Apfel noch einmal – mit Buntstiften gemalt.

Hier zeige ich dir, wie eine **Birne** gezeichnet wird.

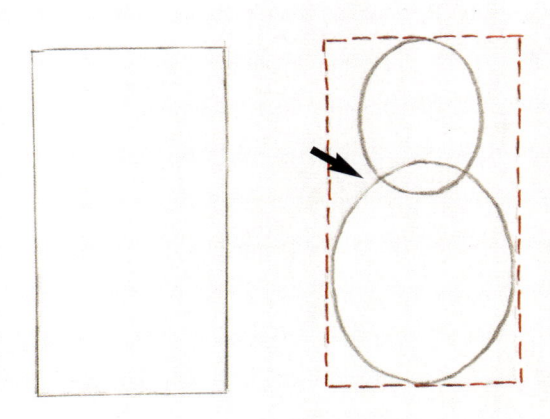

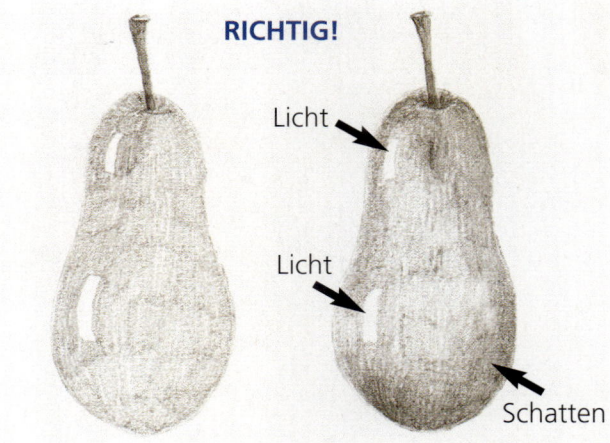

RICHTIG!

Licht

Licht

Schatten

Eine Birne passt in ein Rechteck.

Ein kleines und ein großes Oval berühren sich in der Mitte.

Eine gleichmäßige Tönung entsteht mit dem Bleistift HB.

Schatten zeichnet man wie bei dem Apfel mit einem Bleistift 2B.

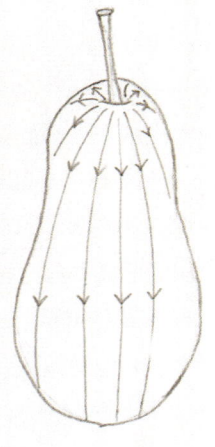

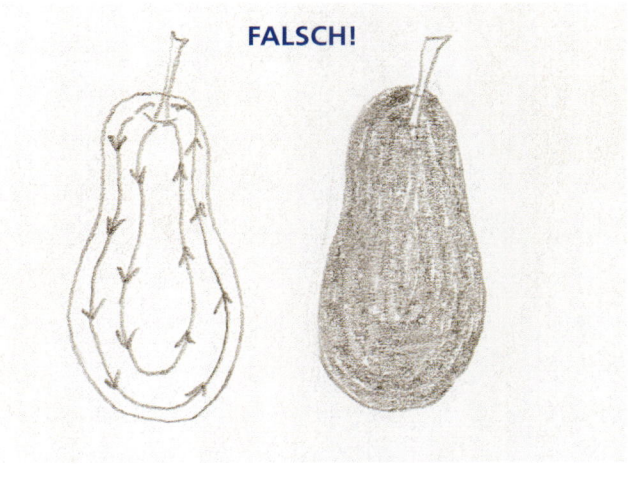

FALSCH!

Wenn man sie verbindet, entsteht eine Birne.

Das ist die Richtung für die Schraffur!

Und die Birne noch einmal – gemalt mit Buntstiften.

Jetzt zeichnen wir eine **Banane**. Sie passt in ein Rechteck.

Die Grundform einer **Weintraube** ist ein Dreieck.

Du kannst sie hängend zeichnen …

Und jetzt du!
Zeichne Kirschen und Pflaumen mit einem HB-Bleistift. Versuche anschließend, ihre kugelige Form mit Hilfe von Licht und Schatten herauszuarbeiten, indem du sie zunächst gleichmäßig tönst und dann mit dem Bleistift 2B die kräftigsten Schatten malst.

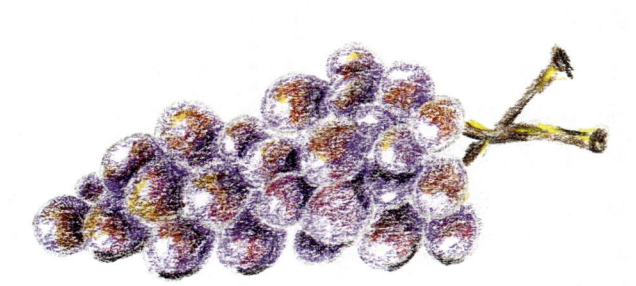

… oder liegend.

Wir malen Gefäße

Auch sie werden wieder mit Hilfe der Grundformen gezeichnet.

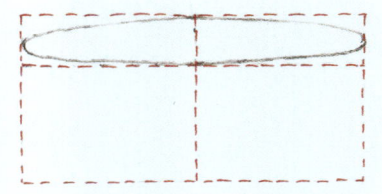

Eine **Schüssel** ist flach …
… deshalb passt sie in ein Rechteck.

Ziehe genau durch die Mitte des Rechtecks eine senkrechte Linie (Mittelachse) und teile oben ein kleines Rechteck ab, für die spätere Öffnung deiner Schüssel.

Diese Öffnung zeichnest du jetzt. Sie ist ein lang gestrecktes, flaches Oval.

Setze einen Halbkreis darunter – und die Umrisse der Schüssel sind fertig.

Wenn du Lust hast, kannst du mit Bleistift Licht und Schatten herausarbeiten. Wie man es machen muss, brauche ich dir sicher nicht mehr zu erklären.

Ein **Becher** mit Henkel entsteht:

Zeichne ein hochstehendes Rechteck und ziehe die Mittelachse. Ein kleines Rechteck zeigt, wo später der Henkel sein wird. Teile oben noch ein schmales Rechteck ab für die Öffnung des Bechers.

RICHTIG!

FALSCH!

In diese Hilfslinien zeichnest du den Becher, so wie du es auf dem Bild siehst. Achte darauf, dass der Boden nicht durch eine gerade Linie gebildet wird – sie ist leicht gebogen!

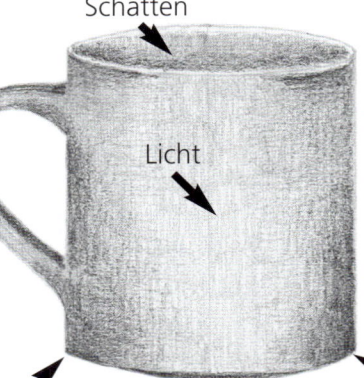

Schatten

Licht

Der Henkel hat sich verändert. Vergleiche ihn mit dem zweiten Bild, dann erkennst du den Unterschied.

Licht und Schatten mit dem Bleistift gemalt:

Schatten

Schatten

Jetzt zeichnen wir eine **Vase** mit einem runden Bauch:
Muss ich dir noch viel zu den einzelnen Schritten erklären? Ich glaube nicht.
Wenn du die Schüssel und den Becher nachgezeichnet hast, müsstest du eigentlich mit den Bildern zurechtkommen, denn dort siehst du das Wichtigste. Probiere es aus!

Du siehst, wenn man einmal verstanden hat, wie etwas gezeichnet wird, kann man plötzlich ganz viele Dinge zeichnen, die ähnlich aussehen.

Schritt eins und zwei sind gleich – aber es entsteht ein Krug.

Sogar eine Kaffeekanne können wir jetzt darstellen.

Wir malen Stillleben

*Du weißt nicht, was ein **Stillleben** ist?*

Die Antwort ist eigentlich ganz einfach:
Auf einem Bild, das man „Still-Leben" nennt, befinden sich „stille" Dinge, wie zum Beispiel Blumen in einer Vase, oder eine Obstschale, deine Malmaterialien auf dem Tisch könnten auch ein Stillleben sein.

Auf den nächsten Seiten zeige ich dir, wie man Stillleben malt. Alles, was du in diesem Kapitel bisher geübt hast, Früchte und auch Gefäße, wirst du für die nächsten Bilder gut gebrauchen können.

Sieh dir mal das Bild an: Vier Dinge, die brav nebeneinander stehen. Das ist kein Stillleben – das ist langweilig!

Noch einmal unsere vier Gegenstände: Dieses mal etwas anders angeordnet – aber immer noch langweilig.

Nun berühren sich drei Dinge – und der Apfel liegt etwas weiter vorn – **das ist ein Stillleben!**

Worauf sollte man achten, wenn man ein Stillleben malt?

◆ Die Gegenstände sollten nicht alle auf einer Linie angeordnet werden wie Perlen an einer Kette.
◆ Dein Bild wird viel interessanter, wenn du einige Dinge nach vorne malst (näher zum unteren Blattrand), andere weiter nach hinten setzt.
◆ Bring Unordnung in dein Bild. Das heißt, die Gegenstände sollten nicht den gleichen Abstand zu einander haben. Einige Bildteile sollten sich berühren, andere nicht.

Und jetzt du!
Suche in deiner Umgebung mindestens drei Gegenstände und ordne sie zu einem Stillleben. Zeichne sie mit dem Bleistift ab.

Nun zeige ich dir Schritt für Schritt zwei verschiedene Stillleben. Sie dürften dir jetzt keine Schwierigkeiten mehr bereiten.
Viel Spaß beim Nachmalen!

Wir malen eine Obstschale

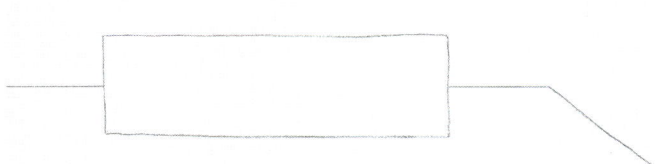

Teile das Blatt ein, wie du es hier siehst.

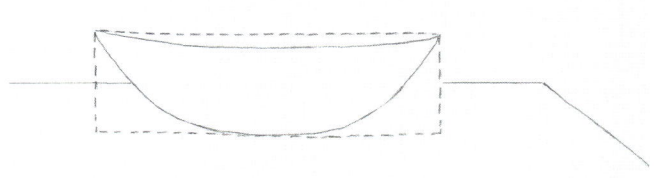

Zeichne in das Rechteck eine Schale.

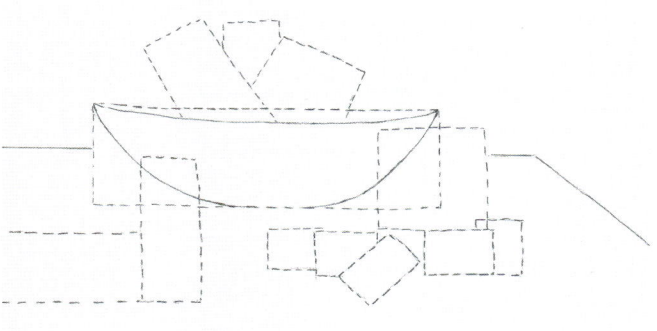

Für jedes Objekt zeichnest du die entsprechende Grundform.

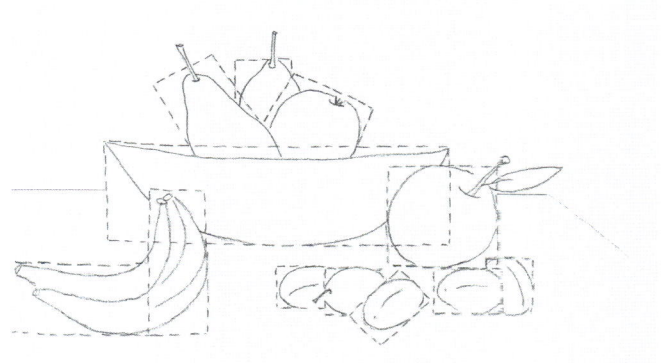

Nun füllst du die Formen mit dem Obst.

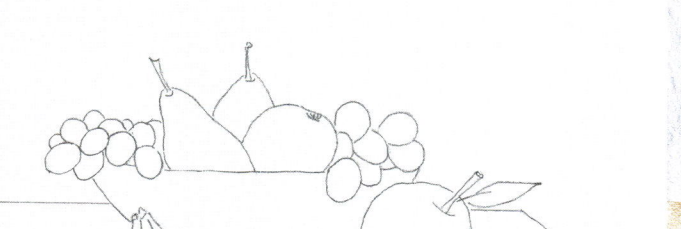

Nachdem du alle Hilfslinien wegradiert hast, sieht deine Vorzeichnung so aus. Man erkennt schon gut, was es werden soll.

Welche Farben du für die Früchte nehmen musst, weißt du. Wenn du den Tisch und den Hintergrund schraffierst, beachte die Strichrichtung: Hintergrund senkrecht; Tisch waagerecht.

Jetzt fehlen nur
noch die Schatten.

Wir malen eine Vase mit Sonnenblumen

Du brauchst folgendes Material:
- Aquarellpapier
- Bleistift HB
- Pinsel Nr. 4 und Nr. 8
- Aquarellfarben in Hell- und Dunkelgelb, Kobaltblau, Umbra gebrannt, Echtgrün/oliv, Sepiabraun und Schwarz.

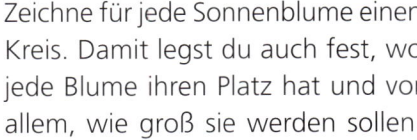

Zeichne für jede Sonnenblume einen Kreis. Damit legst du auch fest, wo jede Blume ihren Platz hat und vor allem, wie groß sie werden sollen.

In jeden Kreis setzt du einen zweiten kleineren Kreis – für die Blütenmitte. Beachte auch, dass sich die Kreise überschneiden.

Nun kannst du die Blütenblätter und die endgültige Vasenform einzeichnen.

So sieht die Vorzeichnung aus, wenn alle Hilfslinien wegradiert sind.

Für die Blütenblätter nimmst du Hellgelb, für den inneren Kreis Umbra gebrannt.

Hier zeige ich es dir in Vergrößerung.
Setze den Pinsel Nr. 4 am inneren Kreis an und ziehe die Farbe nach außen. Achte auf die vielen weißen Stellen auf dem Papier, die nicht ausgemalt werden.

Mit Dunkelgelb malst du die ersten Schatten in die Blütenblätter. Aus Echtgrün/oliv und Sepiabraun mischst du das Grün für die großen Blätter.

Die letzten Schatten auf den Blütenblättern malst du mit Umbra gebrannt. Das ist auch die Farbe für die Vase. Die dunklen Punkte in der Blütenmitte tupfst du mit Sepiabraun. Die Schatten auf den grünen Blättern malst du mit Echtgrün/oliv und Schwarz.

Die Schatten auf der Blumenvase malst du mit Sepia. Damit kein harter Rand entsteht, verziehst du die Farbe mit Wasser bis zum Ende der Vase. Den Hintergrund malst du mit Kobaltblau in der Nass-in-Nass-Technik: Du feuchtest das Papier an und tupfst die Farbe auf das feuchte Papier. Für den Schatten unterhalb der Vase mischst du Sepiabraun in Kobaltblau.

So, das war's!

Wir sind am Ende dieses Buches angekommen. Ich hoffe, es hat dir Spaß gemacht, mit mir zusammen zu zeichnen und zu malen. Wenn ein Bild nicht sofort gelingt – auch das kann passieren – ärgere dich nicht, sondern versuche es gleich noch einmal.

Mach's gut bis zum nächsten Mal!